Impressum
Verlag: BABADADA GmbH, Nedderfeld 112 , 22529 Hamburg
Geschäftsführer / Verlagsleitung: Harald Hof
Druck: Books on Demand GmbH, In de Tarpen 42, 22848 Norderstedt

Imprint
Publisher: BABADADA GmbH, Nedderfeld 112 , 22529 Hamburg, Germany
Managing Director / Publishing direction: Harald Hof
Print: Books on Demand GmbH, In de Tarpen 42, 22848 Norderstedt, Germany

学校
المدرسة

教室
القسم
除
يقسم
186/2
黑板
اللوح
老师
المعلم
纸
ورقة
书写
يكتب
钢笔
القلم
办公桌
طاولة المكتب
直尺
المسطرة
书
الكتاب
学生
التلميذ

书包

الحقيبة المدرسية

铅笔盒

المقلمة

铅笔

قلم الرصاص

卷笔刀

البرّاية

橡皮擦

الممحاة

画板

دفتر الرسم

图画

الرسمة

画笔

الفرشاة

颜料盒

علبة التلوين

剪刀

المقص

胶水

المادة اللاصقة

练习册

دفتر التمارين

家庭作业

الواجب المدرسي

数字

الرقم

加

يجمع

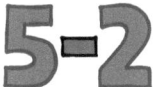

减

يطرح

乘

يضرب

计算

يحسب

字母

الحرف

字母表

الأبجدية

字

كلمة

课文

النص

读

يقرأ

粉笔

الطبشور

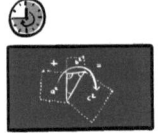

上课

الحصة

登记

دفتر الدوام المدرسي

考试

الامتحان

证书

شهادة

校服

اللباس المدرسي

教育

التعليم

百科全书

الموسوعة

大学

الجامعة

显微镜

المِجهر

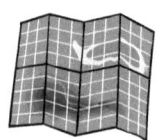

地图

الخريطة

废纸篦

قماما

青年旅社
بيت الشباب

酒店
فندق

Grand

ROOMS

外币兑换处
مكتب صرافة

EXCHANGE

手提箱
حقيبة

汽车
سيارة

语言

اللغة

是/否

نعم / لا

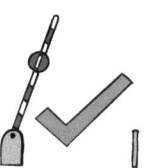

好的

حسناً

您好

مرحباً

翻译员

مترجم

谢谢

شكراً

……多少钱？

كم ثمن ... ؟

我不明白

لا أفهم

问题

مشكلة

晚上好！

مساء الخير

早上好！

صباح الخير!

晚安！

ليلة سعيدة

再见

إلى اللقاء

方向

اتجاه

行李

أمتعة السفر

包

حقيبة

双肩包

حقيبة ظهر

客人

ضيف

房间

غرفة

睡袋

كيس للنوم

帐篷

خيمة

旅游信息

استعلامات سياحية

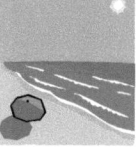

海滩

شاطئ

信用卡

بطاقة ائتمان

早餐

إفطار

午餐

طعام الغداء

晚餐

العشاء

票

بطاقة سفر

电梯

مصعد

邮票

طابع بريدي

边界

حدود

海关

الجمارك

大使馆

سفارة

签证

تأشيرة

护照

جواز سفر

交通运输

نقل

飞机
طائرة
船
سفينة
消防车
سيارة إطفاء
حافلة
卡车
سيارة شاحنة
汽艇
زورق آلي
自行车
درّاجة
汽车
سيارة

摆渡船

عبارة

小船

قارب

摩托车

دراجة نارية

警车

سيارة شرطة

赛车

سيارة سباق

租车

سيارة مستأجرة

拼车

أسلوب تشاركي في استئجار السيارات

拖车

سيارة للجر

垃圾车

سيارة نقل القمامة

发动机

محرك

汽油

وقود

加油站

محطة وقود

交通标志

إشارة مرور

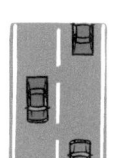

交通

حركة السير

交通堵塞

ازدحام سير

停车场

موقف سيارات

火车站

محطة قطار

轨道

سكك حديدية

火车

قطار

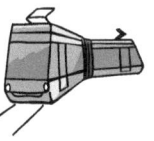

电车

ترام

货车

عربة قطار

直升机

طائرة مروحية

机场

مطار

塔

برج

乘客

مسافر

集装箱

حاوية

纸板箱

علبة كرتون

手推车

عربة يد

篮子

سلة

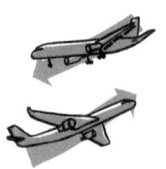

起飞/降落

يقلع / يهبط

城市

مدينة

村庄

قرية

市中心

مركز المدينة

房子

بيت

峡谷

وادٍ

山

جبل

湖

بحيرة

森林

غابة

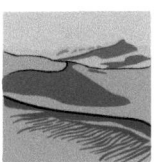

沙漠

صحراء

火山

بركان

城堡

قلعة

彩虹

قوس قزح

蘑菇

فِطر

棕榈树

نخلة

蚊子

بعوض

苍蝇

ذُبَابة

蚂蚁

نملة

蜜蜂

نحلة

蜘蛛

عنكبوت

甲虫

خنفساء

青蛙

ضفدعة

松鼠

سنجاب

刺猬

قنفذ

野兔

أرنب

猫头鹰

بومة

鸟

عصفور

天鹅

بجعة

野猪

خنزير برّي

鹿

غزال

麋鹿

إلكة

水坝

سد

风力发电机

دولاب الطاحونة الهوائية

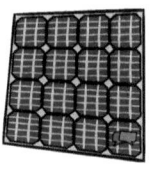

太阳能电池板

خلية شمسية

气候

مناخ

餐馆
مطعم

服务员
نادل
菜单
لائحة الطعام
椅子
كرسي
汤
حساء
披萨饼
بيتزا
桌布
غطاء المائدة
أدوات المائدة

前菜

مقبلات

主菜

الصحن الرئيسي

甜点

حلوى أو فاكهة بعد الطعام

饮料

مشروبات

食物

طعام

瓶子

زجاجة

快餐

وجبات سريعة

街边小吃

طعام الشارع

茶壶

إبريق الشاي

糖盒

علبة السكر

一份饭菜

حصّة

意式咖啡机

آلة الإسبريسو

高脚椅

كرسي عالٍ

账单

فاتورة

托盘

صينية

刀

سكين ،

餐叉

شوكة

勺子

ملعقة

茶匙

ملعقة الشاي

餐巾

منديل المائدة

玻璃杯

كأس

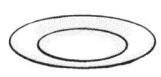

碟子

صحن

汤盘

صحن الحساء

碟子

صحن الفنجان

酱

صلصة

盐瓶

مملحة

胡椒磨

مطحنة الفلفل

醋

خلّ

食用油

زيت الطعام

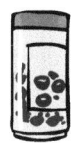

调味料

توابل

番茄酱

كتشاب

芥末

خردل

蛋黄酱

مايونيز

超市
سوبرماركت

特价
عرض خاص
顾客
زبون
乳制品
مشتقات الحليب
水果
فواكه
购物车
عربة تسوق

肉铺

جزّار

面包房

مخبز

称重

يزن

蔬菜

خضار

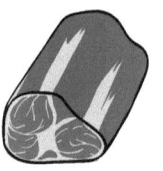

肉

لحم

冷冻食品

المأكولات المجمّدة

冷盘

مرتدلا أو جبن

罐头食品

معلّبات

洗衣粉

مسحوق الغسيل

甜食

حلويات

日用品

المواد المنزلية

清洁用品

منظّفات

销售員

بائعة

收银机

صندوق الحساب

收银员

أمين صندوق

购物清单

قائمة المشتريات

开放时间

أوقات العمل

钱包

محفظة النقود

信用卡

بطاقة ائتمان

袋子

حقيبة

塑料袋

كيس بلاستيكي

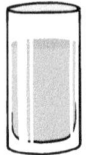

饮料

مشروبات

水

ماء

果汁

عصير

牛奶

حليب

可乐

كولا

红酒

نبيذ

啤酒

بيرة

酒

كحول

可可

كاكاو

茶

شاي

咖啡

قهوة

意式浓缩咖啡

قهوة إسبريسو

卡布奇诺

كابوتشينو

香蕉

موزة

苹果

تفاح

橙子

برتقال

西瓜

بطيخ

柠檬

ليمون

胡萝卜

جزرة

大蒜

ثوم

竹子

خيزران

洋葱

بصل

蘑菇

فطر

坚果

لوزيات

面条

شعيرية

意大利面条

سباغيتي

米饭

أرزّ

沙拉

سلطة

薯条

بطاطا مقلية

炸土豆

بطاطا مقلية

披萨饼

بيتزا

汉堡包

هامبورغر

三明治

ساندويش

炸猪排

شريحة لحم مقلية

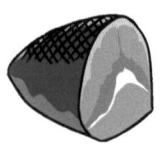

火腿

لحم خنزير

萨拉米

سلامي

香肠

سجق

鸡肉

دجاج

烤肉

لحم محمر

鱼

سمك

燕麦片

دقيق الشوفان

穆兹利

موسلي

玉米片

كورن فلكس

面粉

طحين

羊角面包

كرواسان

面包卷

خبز صغير

面包

خبز

烤面包

خبز محمص

饼干

بسكويت

黄油

زبدة

凝乳

لبن زبادي

蛋糕

كعكة

蛋

بيضة

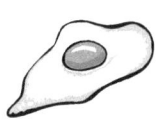

煎蛋

بيض مقلي

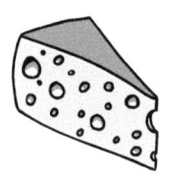

奶酪

جبنة

冰激凌

مثلجات

糖

سكر

蜂蜜

عسل

果酱

مربّى الفاكهة

巧克力酱

كريم النوغا

咖喱饭

الكاري

农场
مزرعة

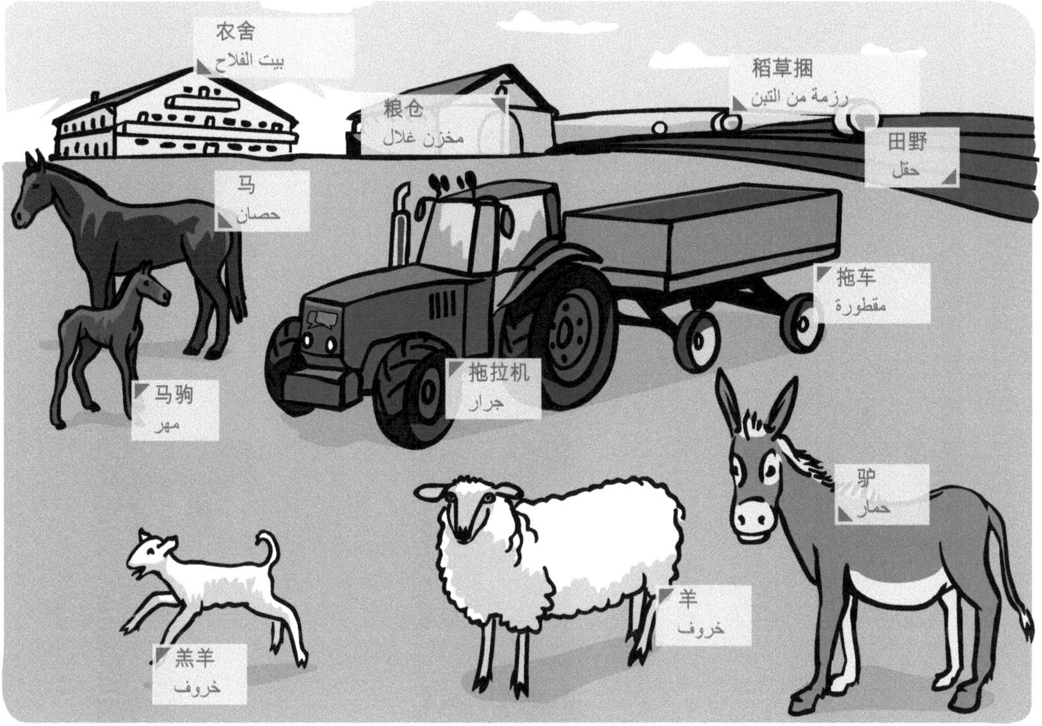

农舍
بيت الفلاح
粮仓
مخزن غلال
稻草捆
رزمة من التبن
田野
حقل
马
حصان
拖车
مقطورة
拖拉机
جرار
马驹
مهر
驴
حمار
羊
خروف
羔羊
خروف

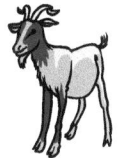

山羊

ماعز

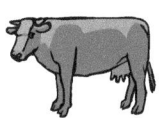

奶牛

بقرة

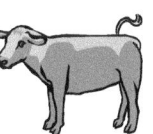

牛犊

عجل

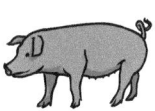

猪

خنزير

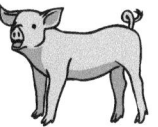

小猪

خنزير صغير

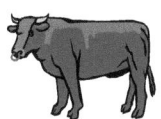

公牛

ثور

鹅

إوزّة

鸭

بطة

小鸡

صوص

母鸡

دجاجة

公鸡

ديك

鼠

جرذ

猫

قطة

老鼠

فأر

牛

ثور

狗

كلب

狗屋

كوخ الكلب

花园浇水软管

خرطوم الحديقة

洒水壶

إبريق

长柄大镰刀

منجل

犁

المحراث

镰刀

منجل

锄头

معزقة

长柄草耙

مذراة الزبل

斧头

بلطة

独轮手推车

عربة يد

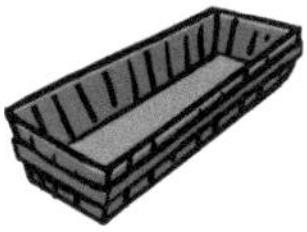

饲料槽

معلف

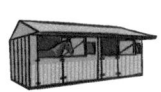

牛奶罐

صفيحة الحليب

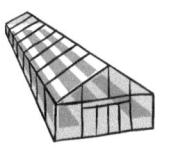

麻布袋

كيس

栅栏

سياج

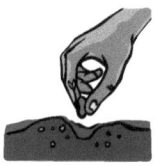

马厩

اصطبل

温室

دفيئة

土壤

تربة

种子

بذور

肥料

سماد

联合收割机

حصّادة درّاسة

收割

يحصد

收割

محصول

山药

بطاطا يامس

小麦

قمح

大豆

صويا

土豆

بطاطا

玉米

ذرة

油菜籽

سلجم

果树

شجرة فاكهة

树薯

نبات منيهوت

谷物

الحبوب

房子

بيت

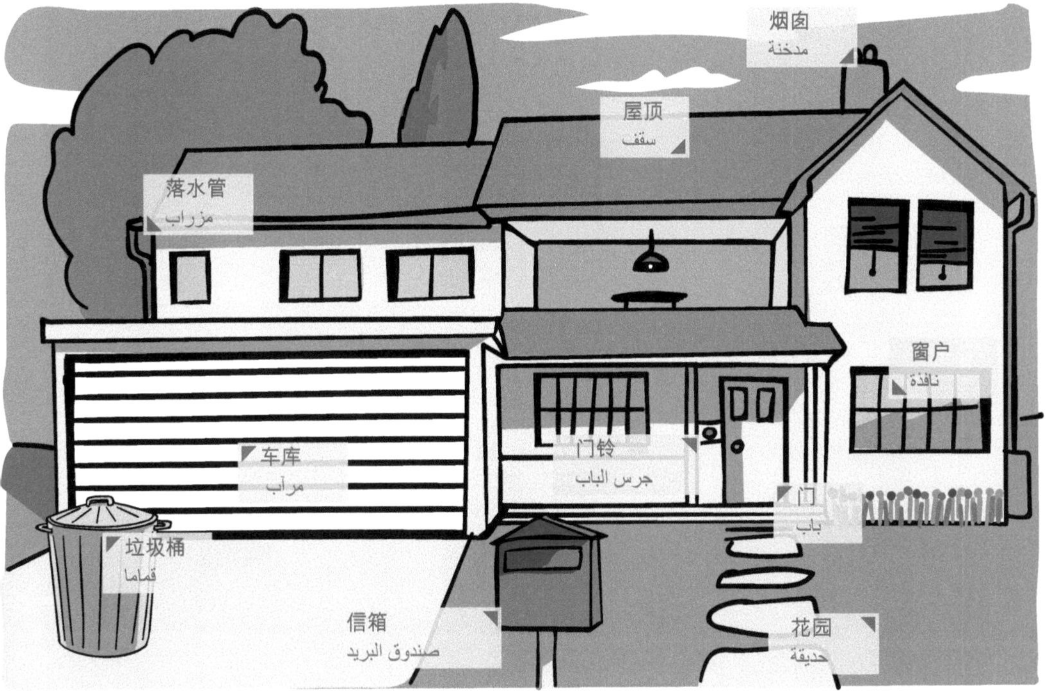

烟囱
مدخنة
屋顶
سقف
落水管
مزراب
窗户
نافذة
车库
مرآب
门铃
جرس الباب
门
باب
垃圾桶
قماما
信箱
صندوق البريد
花园
حديقة

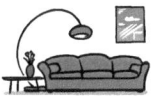

客厅

غرفة جلوس

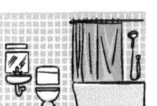

浴室

الحمّام

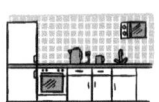

厨房

مطبخ

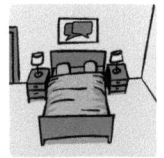

卧室

غرفة النوم

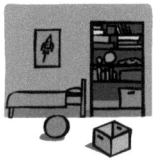

儿童房

غرفة الأطفال

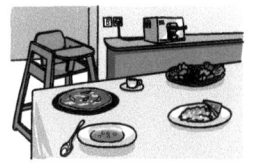

餐厅

غرفة الطعام

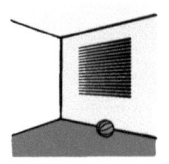

地板

أرضية

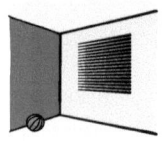

墙壁

حائط

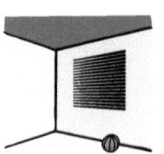

吊顶

سقف

地窖

قبو

桑拿

ساونا

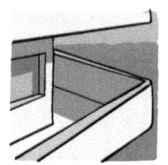

阳台

بلكون

露台

شرفة

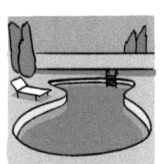

游泳池

مسبح

割草机

جزّازة العشب

被单

بياضات السرير

床罩

بطانية

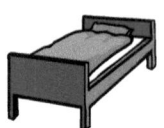

床

سرير

扫帚

مكنسة

水桶

سطل

开关

مفتاح كهربائي

客厅
غرفة جلوس

壁纸
ورق جدران
照片
صورة
台灯
مصباح كهربائي
搁架
رف
橱柜
خزانة
电视机
تلفزيون
壁炉
موقد مفتوح
花
زهرة
垫子
وسادة
沙发
كنبة
花瓶
مزهرية
遥控器
تحكم عن بعد

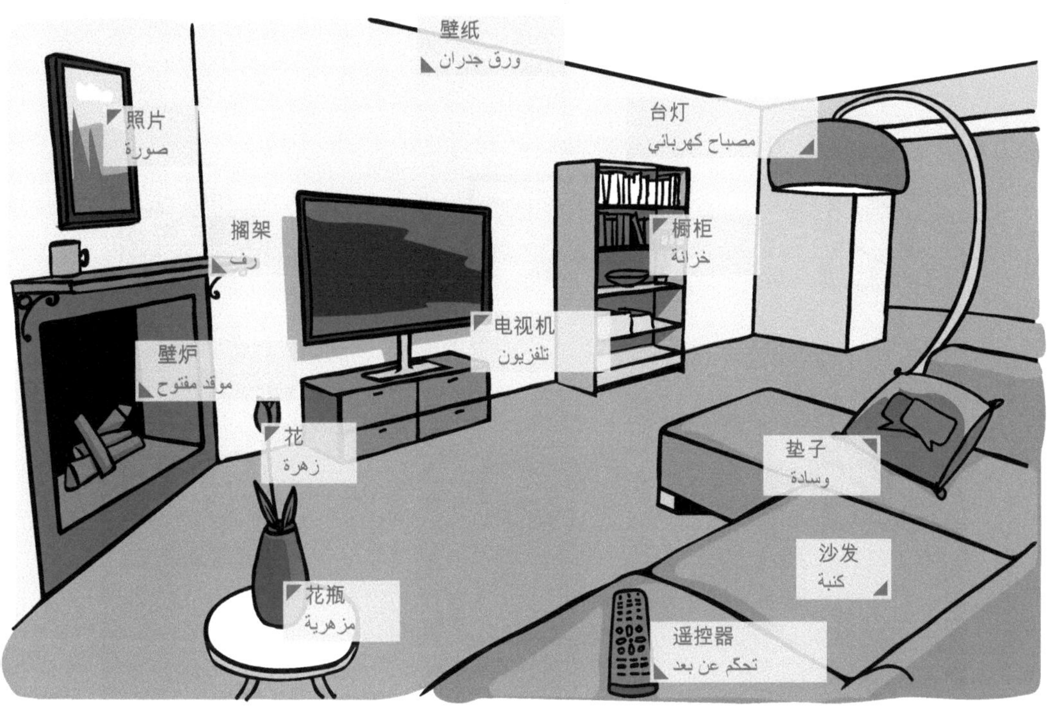

地毯
بصاط

窗帘
ستارة

餐桌
طاولة

椅子
كرسي

摇椅
كرسي هزّاز

扶手椅
كرسي ذو ذراعين

书

الكتاب

毯子

بطانية

装饰品

زخرفة

木柴

الحطب

电影

فيلم

高保真音响

تجهيزات ستيريو

钥匙

مفتاح

报纸

جريدة

油画

لوحة مرسومة

海报

مُلصق

收音机

راديو

笔记本

دفتر ملاحظات

吸尘器

المكنسة الكهربائية

仙人掌

صبّار

蜡烛

شمعة

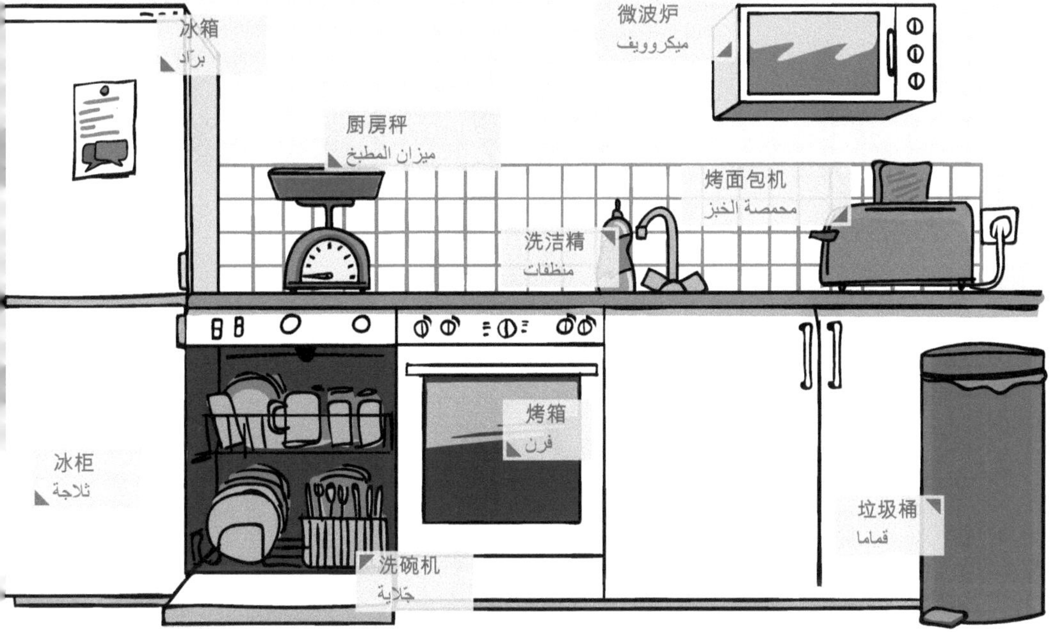

冰箱
برّاد
微波炉
ميكروويف
厨房秤
ميزان المطبخ
烤面包机
محمصة الخبز
洗洁精
منظفات
烤箱
فرن
冰柜
ثلاجة
垃圾桶
قماما
洗碗机
جلاية

炊具
موقد

锅
قِدر

铸铁锅
وعاء من الحديد

炒锅
قدر صيني

平底锅
مقلاة

水壶
غلاية

蒸锅

قدر البخار

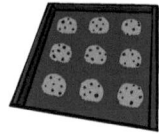

烤盘

صينية

陶瓷锅

أواني

马克杯

فنجان

碗

صحن

筷子

عيدان الأكل

长柄勺

مغرفة

铲子

ملعقة منبسطة

搅拌器

خفاقة

滤网

مصفاة

筛子

مصفاة

磨碎机

مِبشرة

研钵

هاون

烧烤

شواء

明火

موقد

菜板

لوح التقطيع

擀面杖

نشّابة

开瓶器

مفتاح الزجاجات

罐子

علبة

开罐器

مفتاح العلب المعدنية

隔热手套

قماش الفرن

水槽

مجلى

刷子

فرشاة

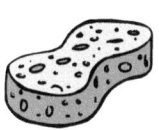

海绵

إسفنج

搅拌机

خلاط

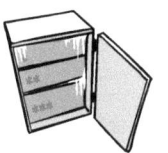

冷藏箱

مجمّدة

奶瓶

زجاجة الطفل

水龙头

صنبور الماء

浴室
الحمّام

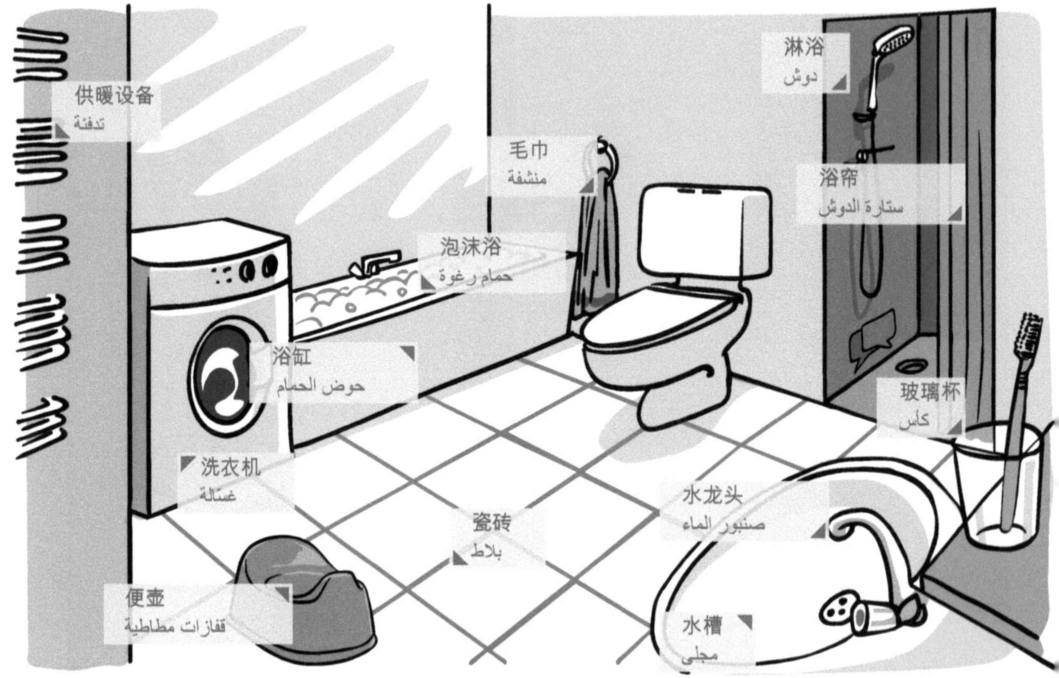

淋浴
دوش

供暖设备
تدفئة

毛巾
منشفة

浴帘
ستارة الدوش

泡沫浴
حمام رغوة

浴缸
حوض الحمام

玻璃杯
كأس

洗衣机
غسّالة

瓷砖
بلاط

水龙头
صنبور الماء

便壶
قفازات مطاطية

水槽
مجلى

厕所

حمام

蹲便器

مرحاض القرفصاء

坐浴器

حوض التشطيف

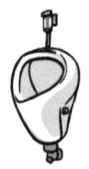

小便池

مبولة

厕纸

ورق المرحاض

马桶刷

فرشاة الحمام

牙刷

فرشاة الأسنان

牙膏

معجون الأسنان

牙线

خيط حرير لتنظيف الأسنان

洗

يغسل

手持式喷淋头

رشاش ماء يدوي

冲洗器

شطاف

洗脸盆

حوض الغسيل

擦背刷

فرشاة الظهر

肥皂

صابون

沐浴露

جيل الدوش

洗发水

شامبو

法兰绒

ممسحة

排水

مصرف للماء

乳霜

مرهم

除臭剂

مزيل الروائح

镜子

مرآة

手镜

مرآة يد

剃须刀

موس حلاقة

剃须泡沫

رغوة الحلاقة

须后水

كولونيا

梳子

مشط

刷子

فرشاة

吹风机

سشوار

喷发定型剂

مثبت للشعر

化妆品

ماكياج

唇膏

روج

指甲油

طلاء أظافر

化妆棉

قطن

指甲剪

مقص أظافر

香水

عطر

洗漱包

سلة الغسيل

凳子

مقعد صغير

计重秤

ميزان

浴袍

معطف الحمام

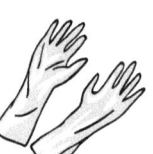

橡胶手套

قفازات مطاطية

卫生棉条

سدادة قطنية

卫生巾

منشفة صحية

化学厕所

تواليت كيميائية

儿童房
غرفة الأطفال

闹钟
منبّه
毛绒玩具
الحيوانات المحنطة
玩具车
سيارة لعبة
拨浪鼓
خشخشة
玩具屋
بيت الدمى
礼物
هدية

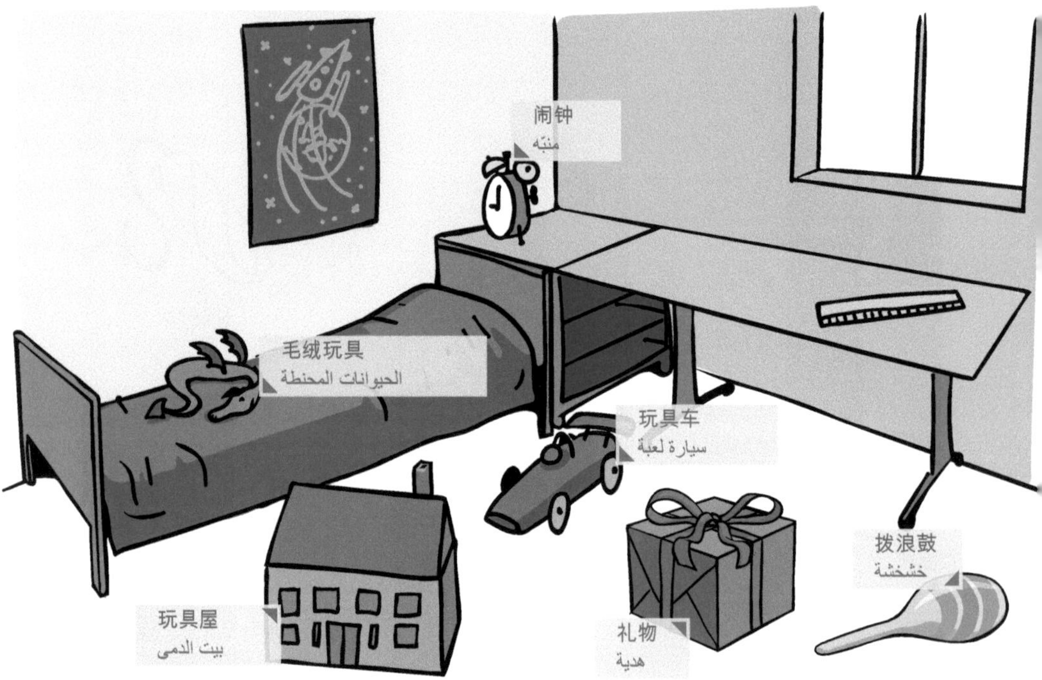

气球

بالون

床

سرير

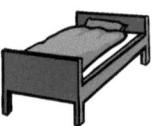

（洋娃娃用）婴儿车

عربة الأطفال

扑克牌

لعبة الورق

拼图

أحجية

漫画

رسوم هزلية

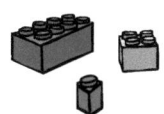

乐高积木

أحجار الليغو

积木玩具

حجارة تركيب

玩具人

دمية بطل

婴儿服

لباس الطفل

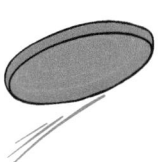

飞盘

فريسبي

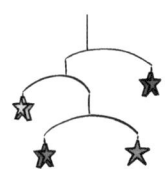

床铃玩具

دمية معلّقة

棋盘游戏

لعبة الطاولة

骰子

لعبة النرد

火车模型

لعبة قطار

安抚奶嘴

مصّاصة

聚会

حفلة

绘本

كتاب مصوّر

球

كرة

洋娃娃

دمية

玩

يلعب

沙坑

ملعب رملي للأطفال

秋千

أرجوحة

玩具

لعبة

游戏机

ألعاب فيديو

三轮车

دراجة ثلاثية

泰迪熊

دمية على شكل الدب

衣柜

خزانة الثياب

衣服

ثياب

袜子

جوارب قصيرة

长袜

جوارب طويلة

紧身裤

جورب بنطلون

围巾
شال

皮带
حزام

雨伞
شمسية

T恤
تي شيرت

运动鞋
أحذية رياضية

靴子
حذاء شتوي

拖鞋
شبشب

凉鞋
صندل

鞋
حذاء

雨靴
جزمة كاوتشوك

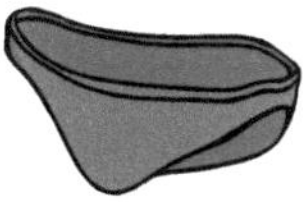

内裤
سروال داخلي

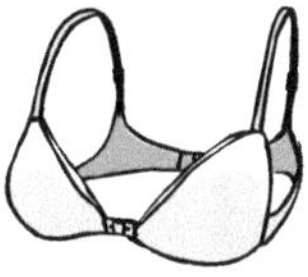

胸罩
صدارة

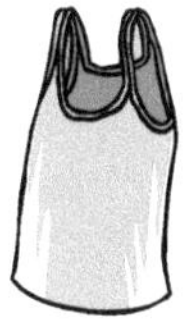

背心
قميص داخلي

身体

لباس ملاصق للجسم

裤子

بنطلون

牛仔裤

جينز

短裙

تنورة

女式衬衫

بلوزة

衬衫

قميص

套头衫

سترة قطنية

卫衣

كنزة كم طويل

西装夹克

سترة فضفاضة

夹克

سترة

外套

معطف

雨衣

معطف مطري

套装

زي - طقم نسائي

连衣裙

ثوب

婚纱

ثوب الزفاف

衣服 - ثياب

西装

طقم

睡袍

قميص نوم

睡衣

بيجاما

莎丽

ساري

头巾

حجاب

包头巾

عمامة

波卡

برقع

卡夫坦

قفطان

(阿拉伯式)长袍

عباءة

泳衣

مايوه

男式泳裤

سروال سباحة

短裤

شرت

运动服

بدلة رياضية

围裙

مئزر

手套

قفازات

纽扣

زر

眼镜

نظارة

手链

إسوارة

项链

عقد

戒指

خاتم

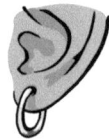

耳环

قرط

便帽

طاقية

衣架

علاقة ثياب

帽子

قبعة

领带

ربطة العنق

拉链

سحّاب

头盔

خوذة

背带

حمّالة البنطلون

校服

اللباس المدرسي

制服

زي موحّد

围兜

مريلة الأطفال

安抚奶嘴

مصاصة

尿不湿

لفافة

办公室

مكتب

服务器
المخدم

文件柜
خزانة الملفات

打印机
طابعة

纸
ورقة

显示屏
شاشة

办公桌
طاولة المكتب

鼠标
فأرة

文件夹
ملف

键盘
لوحة المفاتيح

废纸筐
قماما

电脑
حاسوب

椅子
كرسي

咖啡杯

كأس من القهوة

计算器

الآلة الحاسبة

因特网

الإنترنت

笔记本电脑

الحاسوب المحمول

信件

رسالة

消息

خبر

手机

الهاتف المحمول

网络

شبكة

复印机

جهاز تصوير

软件

البرمجيات

电话

هاتف

插座

مقبس كهربائي

传真机

فاكس

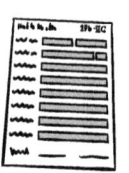

表格

استمارة

文件

وثيقة

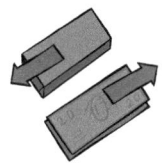

买

يشتري

付钱

يدفع

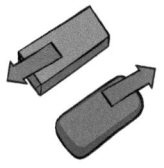

交易

يتاجر

现金

مال

美元

دولار

欧元

يورو

日元

ين

卢布

روبل

瑞士法郎

فرنك سويسري

人民币

يوان

卢比

روبية

提款处

صرّاف آلي

外币兑换处

مكتب صرافة

金

ذهب

银

فضة

石油

نفط

能源

طاقة

价格

سعر

合同

عقد

税金

ضريبة

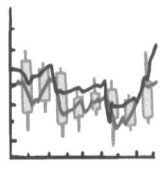

股票

سهم

工作

يعمل

职员

موظف

老板

رب العمل

工厂

مصنع

商店

متجر

警官
الشرطي
消防员
رجل إطفاء
厨师
طبّاخ
医生
الطبيب
飞行员
طيّار

园丁

بستاني

木匠

نجّار

裁缝

خيّاطة

法官

قاض

化学家

كيميائي

演员

ممثّل

公交车司机

سائق حافلة

出租车司机

سائق تاكسي

渔夫

صياد سمك

清洁女工

أجيرة للتنظيف

屋顶工

بنّاء سقف

服务员

نادل

猎人

صيّاد

画家

رسّام

面包师

خباز

电工

كهربائي

建筑工人

عامل بناء

工程师

مهندس

屠夫

لحّام

水管工

سمكري

邮递员

ساعي البريد

士兵

جندي

建筑师

مهندس معماري

收银员

أمين صندوق

花农

بائع الزهور

理发师

حلاق

售票员

مراقب القطار

机械师

ميكانيكي

船长

قبطان

牙医

طبيب أسنان

科学家

رجل العلم

拉比

حاخام

伊玛目

إمام

和尚

راهب

牧师

كاهن

工具

عدة عمل

铁锤
مطرقة
螺丝刀
مفك البراغي
钳子
كماشة
扳手
مفتاح ربط
手电筒
مصباح يد

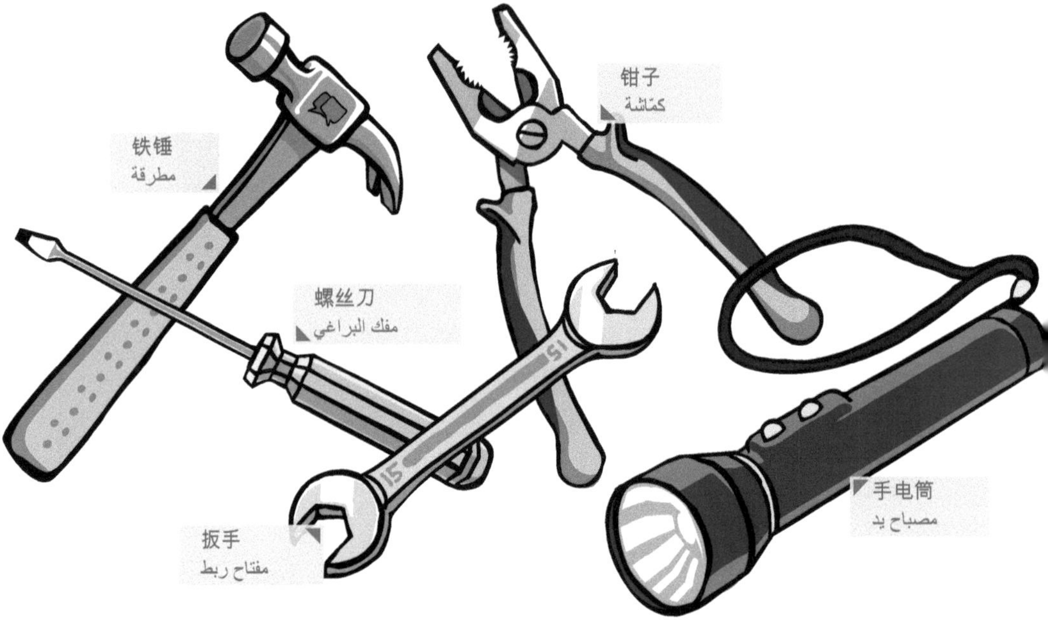

挖掘机

جرافة

工具箱

صندوق العدة

梯子

سلّم

锯子

منشار

钉子

مسامير

钻机

مثقب

修

يصلح

铲子

مجرفة

靠！

اللعنة

簸箕

لقاطة الكناسة

油漆桶

سطل الألوان

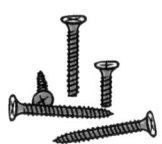

螺丝

براغي

乐器
آلات موسيقية

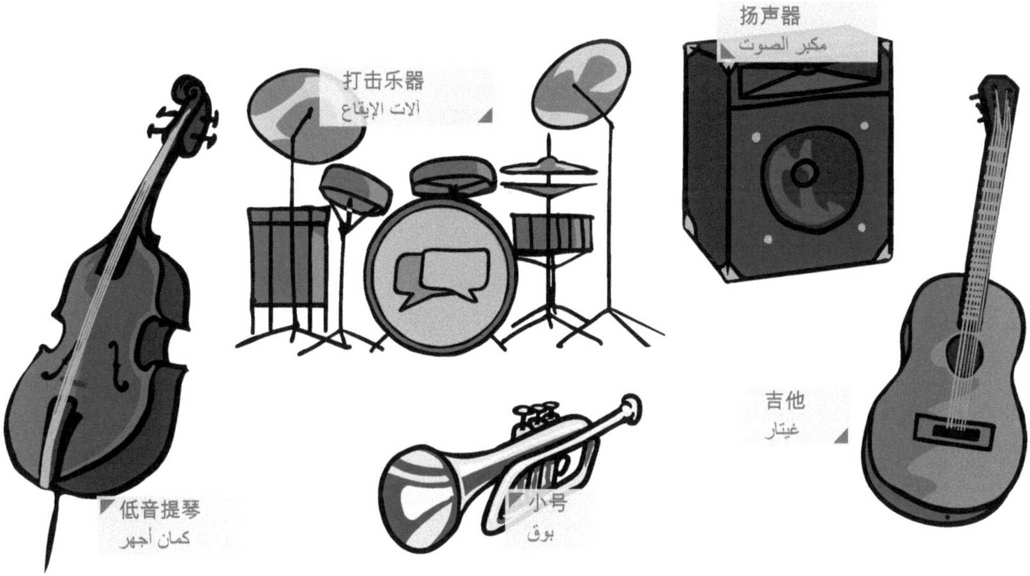

打击乐器
آلات الإيقاع

扬声器
مكبر الصوت

低音提琴
كمان أجهر

小号
بوق

吉他
غيتار

钢琴

بيانو

小提琴

كمنجة

贝斯

جهير

定音鼓

طبل كبير

鼓

طبل

电子琴

بيانو كهربائي

萨克斯管

ساكسوفون

长笛

ناي

麦克风

ميكروفون

动物园

حديقة حيوانات

入口
مدخل
老虎
نمر
笼子
قفص
斑马
حمار الوحش
علف للحيوانات
熊猫
دب باندا

动物

حيوانات

大象

فيل

袋鼠

كنغر

犀牛

وحيد القرن

大猩猩

غوريلا

熊

دب

骆驼

جمل

鸵鸟

نعامة

狮子

أسد

猴子

قرد

火烈鸟

طائر فلامينغو

鹦鹉

ببغاء

北极熊

دب قطبي

企鹅

بطريق

鲨鱼

سمك القرش

孔雀

طاووس

蛇

أفعى

鳄鱼

تمساح

动物园管理员

حارس في حديقة الحيوان

海豹

عجل البحر

美洲豹

نمر أمريكي مرقط

矮种马

فرس قزم

豹

نمر

河马

فرس النهر

长颈鹿

زرافة

老鹰

نسر

野猪

خنزير برّي

鱼

سمك

龟

سلحفاة

海象

حيوان فظ البحري

狐狸

ثعلب

羚羊

غزال

体育

رياضة

橄榄球
كرة القدم الأمريكية
骑自行车
ركوب الدراجات
网球
كرة التنس
篮球
كرة السلة
游泳
السباحة
拳击
الملاكمة
冰球
هوكي الجليد

英式足球

كرة القدم

羽毛球

الريشة الطائرة

田径

ألعاب القوى الخفيفة

手球

كرة اليد

滑雪

التزلج على الثلج

马球

بولو

跳
يقفز

笑
يضحك

拥抱
يعانق

走路
يمشي

唱
يغني

祈祷
يصلي

做梦
يحلم

亲吻
يقبل

书写
يكتب

画
يرسم

展示
يُري

推
يدفع

给
يعطي

拿
يأخذ

有

يملك

做

يعمل

当

يوجد

站

يقف

跑

يركض

拉

يسحب

扔

يرمي

摔倒

يقع

躺

يستلقي

等待

ينتظر

携带

يحمل

坐

يجلس

穿衣

يلبس

睡觉

ينام

醒来

يستيقظ

看

ينظر إلى ..

哭

يبكي

抚摸

يمسّد

梳头

يمشّط

交谈

يتكلم

明白

يفهم

问

يسأل

听

يسمع

喝

يشرب

吃

يأكل

清理

يرتب

爱

يحب

做饭

يطبخ

开车

يقود

飞

يطير

航行

يبحر بزورق شراعي

计算

يحسب

读

يقرأ

学习

يتعلم

工作

يعمل

结婚

يتزوج

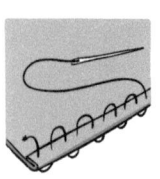

缝

يخيط

刷牙

ينظف أسنانه

杀

يقتل

抽烟

يدخّن

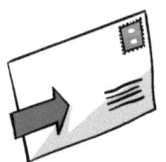

寄

يرسل

祖母
جدّة

祖父
جدّ

父亲
أب

母亲
أم

婴童
الطفل

女儿
ابنة

儿子
ابن

客人

ضيف

阿姨

عمّة / خالة

叔叔

عمّ / خال

兄弟

أخ

姐妹

أخت

身体

الجسم

前额
الجبين
眼睛
العين
肩膀
الكتف
手指
الإصبع
脸
الوجه
下巴
الذقن
手
اليد
腿
الساق
乳房
الصدر
手臂
الذراع

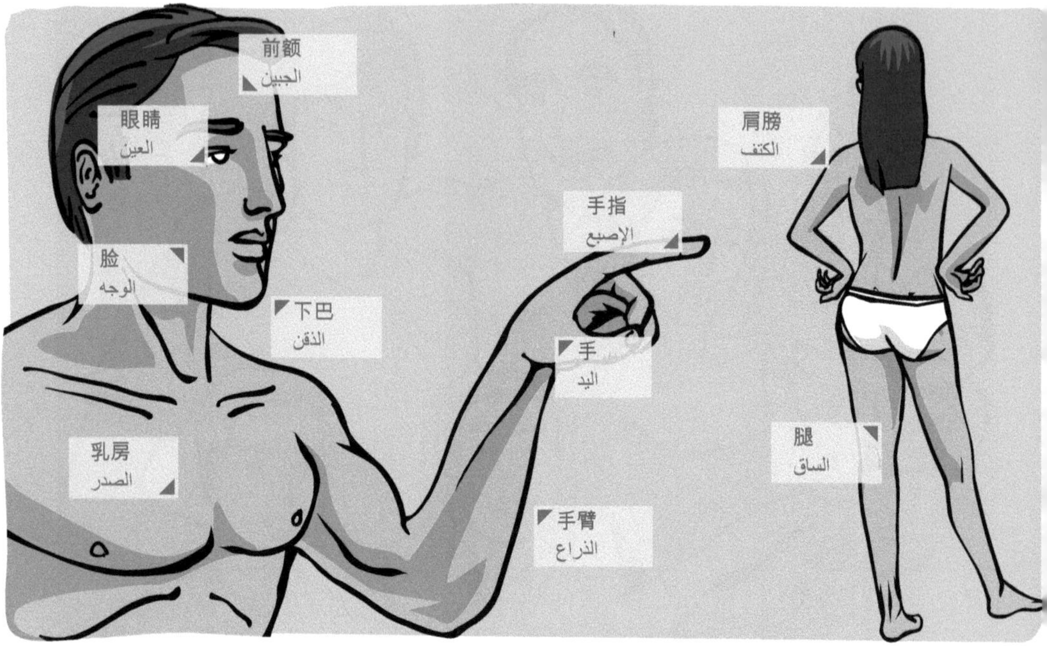

婴童

الطفل

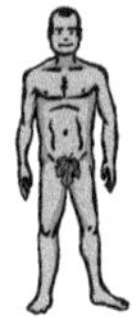

男人

الرجل

女人

المرأة

女孩

البنت

男孩

الولد

头

الرأس

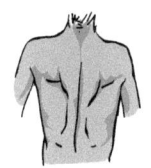

背部

الظهر

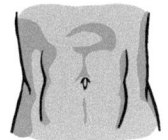

肚子

البطن

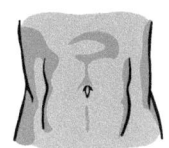

肚脐

السرّة

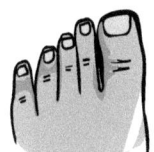

脚趾

إصبع القدم

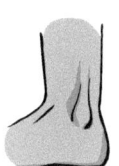

脚后跟

الكعب

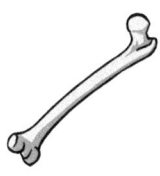

骨头

العظم

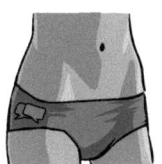

臀部

الورك

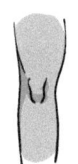

膝盖

الركبة

手肘

المِرفق

鼻子

الأنف

屁股

العَجُز

皮肤

البشرة

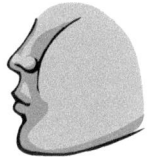

脸颊

الخد

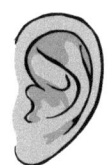

耳朵

الأذن

嘴唇

الشفة

嘴

الفم

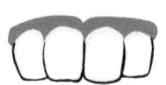

牙齿

السن

舌头

اللسان

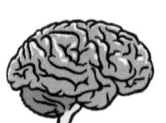

脑

الدماغ

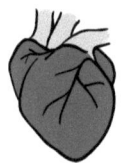

心脏

القلب

肌肉

العضلة

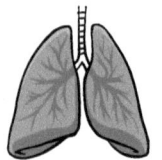

肺

الرئة

肝脏

الكبد

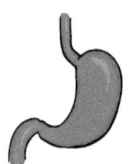

胃

المعدة

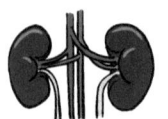

肾脏

الكِلى

性交

الاتصال الجنسي

避孕套

الواقي المطاطي

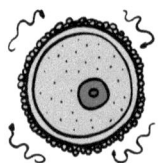

卵子

البويضة

精子

المنيّ

怀孕

الحمل

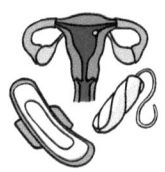

月经

الحيض

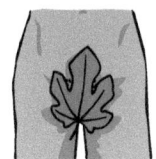

阴道

المهبل

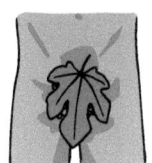

阴茎

القضيب

眉毛

الحاجب

头发

الشعر

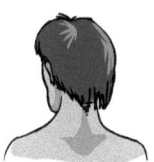

脖子

الرقبة

医院
المستشفى

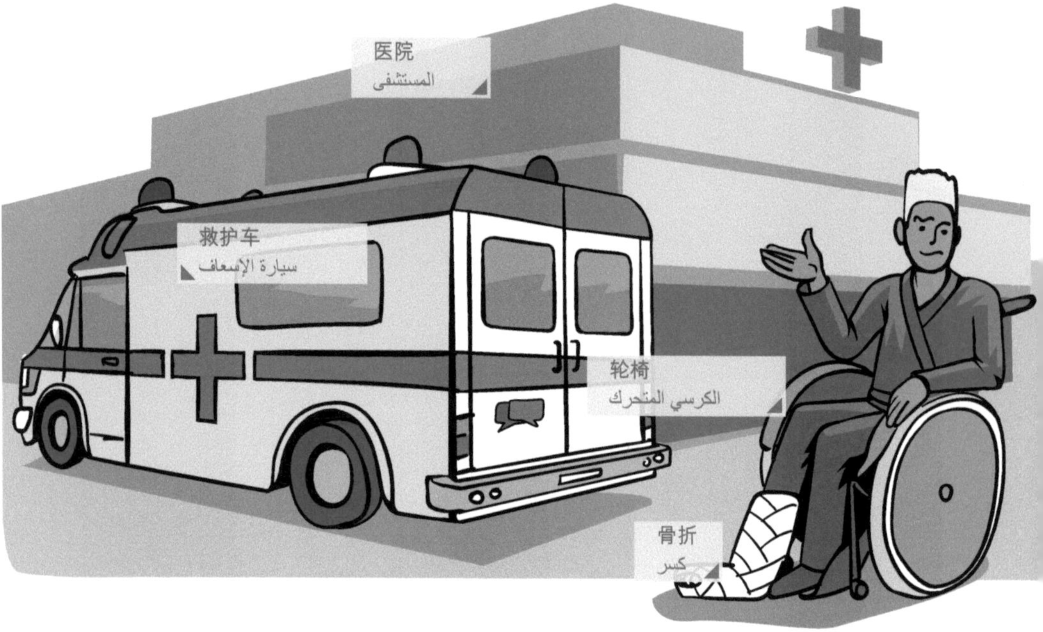

医院
المستشفى
救护车
سيارة الإسعاف
轮椅
الكرسي المتحرك
骨折
كسر

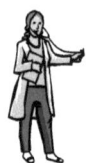

医生

الطبيب

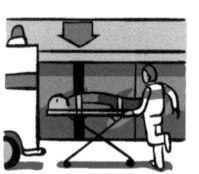

急诊室

غرفة الإسعاف

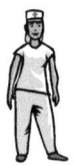

护士

الممرضة

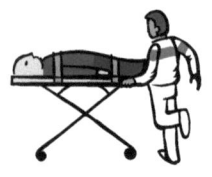

紧急情况

حالة

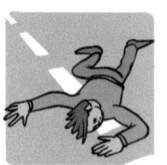

昏迷

مغمى عليه

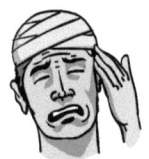

痛

الألم

受伤

إصابة

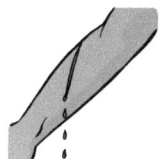

出血

النزيف

心脏病发作

احتشاء القلب

中风

جلطة

过敏

حسسية

咳嗽

السعال

发烧

الحُمّى

流感

إنفلونزا

腹泻

الإسهال

头痛

وجع الرأس

癌症

السرطان

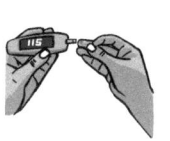

糖尿病

مرض السكر

外科医生

جرّاح

手术刀

مبضع

手术

عملية

CT

سيتي سكان

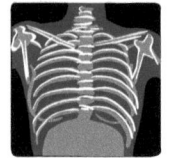

X光

الأشعة السينية

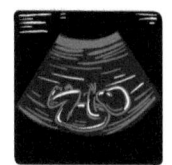

超声波

فوق الصوتي

口罩

القناع

疾病

المرض

候诊室

غرفة الانتظار

拐杖

العُكاز

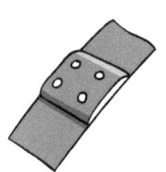

石膏

شريط لاصق

绷带

ضماد

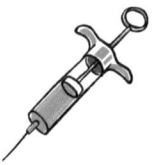

注射

حقنة

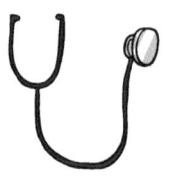

听诊器

سمّاعة الطبيب

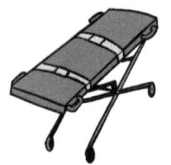

担架

نقالة

体温计

ميزان حرارة

出生

ولادة

超重

وزن زائد

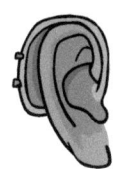

助听器

جهاز السمع

消毒液

المواد المعقمة

感染

عدوى

病毒

فيروس

艾滋病

الإيدز

药物

الطب

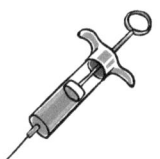

接种疫苗

اللقاح

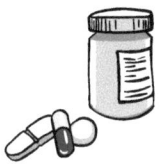

药片

أقراص الدواء

药丸

حبّة الدواء

急救电话

نداء النجدة

血压计

مقياس ضغط الدم

生病/健康

مريض / صحيح

紧急情况
حالة

救命！

النجدة!

警报

إنذار

突击

اعتداء

攻击

هجوم

危险

خطر

紧急出口

مخرج طوارئ

着火啦！

حريق!

灭火器

جهاز الإطفاء

意外

حادث

急救箱

حقيبة الإسعاف الأولي

呼救信号

أنقذونا

警察

الشرطة

欧洲

أوروبا

北美洲

أمريكا الشمالية

南美洲

أمريكا الجنوبية

非洲

أفريقيا

亚洲

آسيا

澳洲

أستراليا

大西洋

المحيط الأطلسي

太平洋

المحيط الهادي

印度洋

المحيط الهندي

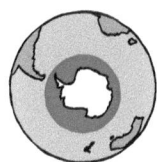

南冰洋

المحيط المتجمد الجنوبي

北冰洋

المحيط المتجمد الشمالي

北极

القطب الشمالي

南极
القطب الجنوبي

南极洲
منطقة القطب الجنوبي

地球
أرض

陆地
بر

海
بحر

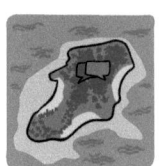

岛
جزيرة

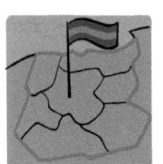

国家
أمة

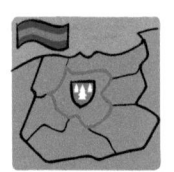

国家
دولة

钟表
ساعة

钟面

ميناء الساعة

时针

عقرب الساعات

分针

عقرب الدقائق

秒针

عقرب الثواني

现在几点？

كم الساعة الآن؟

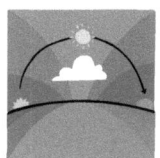

天

يوم

时间

زمن

现在

الآن

电子表

ساعة رقمية

分

دقيقة

时

ساعة

周

أسبوع

الإثنين
周二
الثلاثاء
周三
الأربعاء
周四
الخميس
周五
الجمعة
周六
السبت
周日
الأحد

昨天

الأمس

今天

اليوم

明天

غداً

早晨

الصباح

中午

الظهر

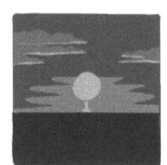

晚上

المساء

工作日

أيام العمل

周末

نهاية الأسبوع

年
سنة

雨
مطر
彩虹
قوس قزح
风
ريح
雪
ثلج
春
الربيع
夏
الصيف
秋
الخريف
冬
الشتاء

天气预报

التنبؤ بالحالة الجوية

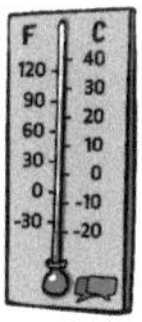

温度计

مقياس حرارة

阳光

ضوء الشمس

云

سحابة

雾

ضباب

潮湿

رطوبة الجو

闪电

برق

打雷

رعد

风暴

عاصفة

冰雹

بَرَد

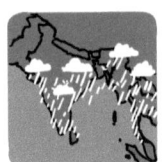

季风

ريح موسمية

洪水

طوفان

冰

جليد

一月

كانون الثاني / يناير

二月

شباط / فبراير

三月

آذار / مارس

四月

نيسان / أبريل

五月

أيار / مايو

六月

حزيران / يونيو

七月

تموز / يوليو

八月

آب / أغسطس

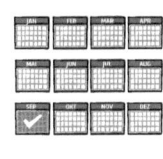

九月

أيلول / سبتمبر

十月

تشرين الأول / أكتوبر

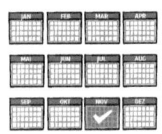

十一月

تشرين الثاني / نوفمبر

十二月

كانون الأول / ديسمبر

形状

أشكال

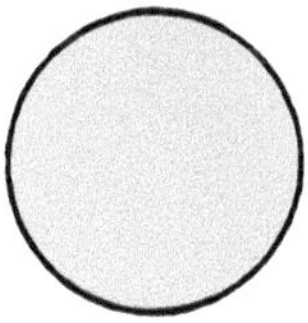

圆形

دائرة

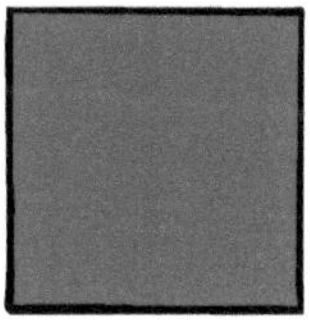

正方形

مربّع

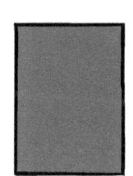

长方形

مستطيل

三角形

مثلث

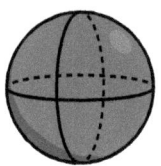

球体

كرة

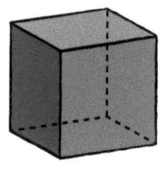

立方体

مكعب

颜色

ألوان

白

أبيض

黄

أصفر

橙

برتقالي

粉

وردي

红

أحمر

紫

بنفسجي

蓝

أزرق

绿

أخضر

棕

بنّي

灰

رمادي

黑

أسود

反义词
الأضداد

很多/少许

كثير / قليل

生气/平静

غضبان / هادئ

美/丑

جميل / قبيح

首/尾

بداية / نهاية

大/小

كبير / صغير

明/暗

فاتح / قاتم

兄弟/姐妹

أخ / أخت

干净/肮脏

نظيف / وسخ

完整/缺失

كامل / ناقص

白天/晚上

نهار / ليل

死/生

ميت / حيّ

宽/窄

عريض / ضيّق

可食用/非食用

صالح للأكل / غير صالح

邪恶/善良

شرّير / لطيف

兴奋/无聊

مثير / ممل

胖/瘦

سمين / نحيف

第一/最后

أولاً / أخيراً

朋友/敌人

صديق / عدو

满/空

مليء / فارغ

硬/软

صلب / ليّن

重/轻

ثقيل / خفيف

饿/渴

جوع / عطش

生病/健康

مريض / صحيح

非法/合法

غير شرعي / شرعي

聪明/愚笨

ذكي / غبي

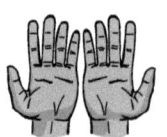

左/右

يسار / يمين

近/远

قريب / بعيد

新/旧

جديد / مستعمل

没有/有些

لا شيء / بعض الشيء

老/幼

مسن / شاب

开/关

يشعل / يطفئ

打开/合上

مفتوح / مغلق

安静/吵闹

خافت / عالٍ

富/穷

غني / فقير

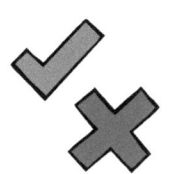

对/错

صح / خطأ

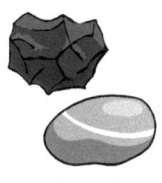

粗糙/光滑

أحرش / املس

伤心/高兴

حزين / سعيد

短/长

قصير / طويل

慢/快

بطيء / سريع

湿/干

مبلول / جاف

温暖/凉爽

ساخن / بارد

战争/和平

حرب / سلم

数字
أرقام

0

零

صفر

1

一

واحد

2

二

اثنان

3

三

ثلاثة

4

四

أربعة

5

五

خمسة

6

六

ستة

7

七

سبعة

8

八

ثمانية

9

九

تسعة

10

十

عشرة

11

十一

أحد عشر

12

十二

اثنا عشر

13

十三

ثلاثة عشر

14

十四

أربعة عشر

15

十五

خمسة عشر

16

十六

ستة عشر

17

十七

سبعة عشر

18

十八

ثمانية عشر

19

十九

تسعة عشر

20

二十

عشرون

100

百

مائة

1.000

千

ألف

1.000.000

百万

مليون

语言
اللغات

英语

الإنكليزية

美式英语

الإنكليزية الأمريكية

普通话

لغة ماندارين الصينية

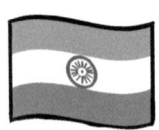

印地语

الهندية

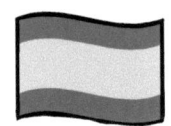

西班牙语

الإسبانية

法语

الفرنسية

阿拉伯语

العربية

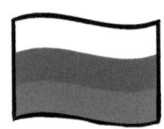

俄语

الروسية

葡萄牙语

البرتغالية

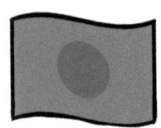

孟加拉语

البنغالية

德语

الألمانية

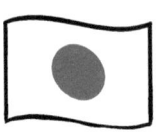

日语

اليابانية

谁/什么/怎样
من / ماذا / كيف

我

أنا

你

أنت

他/她/它

هو / هي

我们

نحن

你们

أنتم

他们

هم

谁？

من؟

什么？

ماذا؟

怎样？

كيف؟

哪里？

أين؟

什么时候？

متى؟

名字

اسم

方位
أين

后面

خلف

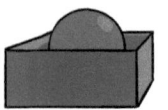

里面

في

前面

أمام

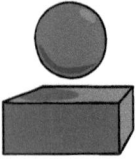

上方

فوق

上面

على

下面

تحت

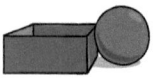

旁边

جنب

中间

بين

地点

مكان